AF192674

NO ABUSARÁS

EL PESO DE LOS DÍAS

123

PATRICK C. GOUJON

NO ABUSARÁS

EDICIONES SÍGUEME
SALAMANCA
2024

Tradujo Mercedes Huarte Luxán
del original francés *Prière de ne pas abuser*

Imagen de cubierta de Jorge Fernández Mato (*in memoriam*),
Nieve en amarillo (detalle, óleo sobre lienzo, 2018)

© Éditions du Seuil, 2021
© Ediciones Sígueme S.A.U., 2024
   C/ García Tejado, 23-27 - E-37007 Salamanca / España
   Tlf.: (+34) 923 218 203 - ediciones@sigueme.es
   www.sigueme.es

ISBN: 978-84-301-2190-8
Depósito legal: S. 4-2024
Impreso en España / Unión Europea
Imprenta Kadmos, Salamanca

Precario: *Precarius*, obtenido
mediante la oración.

Precari: Rezar.

Recuperé la palabra cuando ignoraba que me habían privado de ella. De niño, durante varios años, sufrí abusos por parte de un sacerdote. Un día se me concedió decírmelo a mí mismo y después hablar. No imaginaba lo benéfico que iba a resultar. Me habría venido bien darme cuenta de que la vergüenza era sólo un fantasma, que no era nada en comparación con la paz que sentí al liberarme de lo que me aprisionaba. No era consciente de que me había callado.

No recuerdo haber decidido guardar silencio; sencillamente, no encontraba palabras. Durante largos años había buscado cómo hablar por instinto de supervivencia. Admiro a los poetas y a los músicos, que oyen cantar al silencio. Ellos me abrieron el oído.

Tuve que sondear el corazón en busca de un dolor que pensaba que había desaparecido.

Por suerte, pude inventar una vida, recibirla de muchos encuentros y realidades maravillosas. Esta vida me salvó. Decidí ser sacerdote católico en el seno de la Compañía de Jesús. De esto hace ya casi veinticinco años.

Durante bastante tiempo albergué la sospecha de que algo se mantenía oculto en mí. Pero no había nada que ver, nada que decir; hasta el día en que tuve que ocuparme de mi espalda y tratarla. O, más bien, cuando otros se ocuparon de ella y la distendieron, y me enseñaron, con dulzura, a hacerlo yo mismo.

Hablé cuando ya no me dolía. Tenía que llevar –había llevado– un pesado secreto aprisionado en mis vértebras, un grito ahogado antes incluso de que pudiera lanzarlo afuera.

Al aliviar mis dolores, otros permitieron que se formara mi palabra, que pudo escapar de allí donde permanecía cautiva. Mediante masajes, ejercicios y presiones liberadoras, sus manos hicieron de palanca. Lo que sufría en mi espalda subió hasta mis labios. Mi palabra fue extirpada de mis músculos doloridos; me hizo incorporarme y escoger la libertad.

Y lo puedo contar.

Era otoño del año 2015. Había ido a urgencias por un agudo dolor de cervicales. El examen confirmó dos hernias, que se añadían a otras tres que ya tenía en la región lumbar. El médico me recetó fuertes dosis de antiinflamatorios. El farmacéutico no quiso entregármelos sin antes llamarlo por teléfono para verificar que no había exagerado.

El tratamiento apenas fue eficaz. Los dolores se extendieron y, unas semanas más tarde, me caí en la calle. Mi cuerpo se negaba a seguir caminando.

Acudí entonces a mi médico de cabecera, que se quedó perplejo y pensó en una enfermedad degenerativa. Después, como de pasada, dejó caer: «Usted está anestesiado. Su cuerpo lo está protegiendo para que no se rompa». Había dado en el clavo. Era eso exactamente. Yo en el fondo lo sabía, aunque no entendía de qué se trataba. No le respondí nada, pero aquel comentario me había dejado estupefacto.

Desde hacía varios años, anulaba cursos y posponía citas. Me asustaban los desplazamientos largos, los cambios de cama que conllevan los viajes. Mis noches eran cada vez más cortas. Lo único que me aliviaba el dolor era la natación. Sin embargo, en los periodos de crisis no me servía. Estaba descorazonado. El origen psicosomático rondaba por mi cabeza, pero, al margen de esto, ningún facultativo era capaz de averiguar la causa. Mis dolores quedaban relegados a una imaginación hipocondríaca.

Si había un sufrimiento psíquico, yo no veía cuál, puesto que, aparte de esos dolores, era feliz. Me gustaba mi trabajo. Era director de las licenciaturas de filosofía y de teología del *Centre Sèvres*, las facultades jesuitas de París. Investigaba sobre la historia de mi orden en un seminario en la *École des hautes études en sciences sociales*. Me sentía en mi sitio dentro de la vida religiosa. Lo único que me preocupaba era el bienestar de mi madre, que se encontraba hospitalizada en una unidad de cuidados paliativos, donde su salud se iba degradando.

La idea de que yo me había anestesiado ya no me abandonó, por paradójica que resultara, puesto que sentía dolor. Me había retorcido sobre mí mismo, me había enrollado alrededor de mi columna y se me habían contraído los músculos. Mi cuerpo me hacía sufrir desde la infancia. ¿Cómo era posible acurrucarse así en una espalda con más de un metro noventa? Apenas lo había dejado traslucir hasta entonces. Unos lumbagos intensos hacían aflorar de nuevo aquel oscuro sufrimiento. Por más que me esforzaba, no descubría en mi historia nada que me sirviese para encontrar una clave.

En los últimos años, la frecuencia de las crisis me desanimaba y minaba la moral. Estaba en carne viva, como si la inflamación del nervio ciático se hubiera apoderado de todo mi cuerpo. Hacía semanas que un dolor de muelas se extendía a los miembros inferiores. Sin embargo, no quería saber nada de mi dolencia allí donde se expresaba, salvo adormecerla con analgésicos. Los dolores me había insensibilizado… Chocaba contra un muro macizo que, sin embargo, resonaba con un eco sordo, como el que producen los golpes contra una roca inamovible.

Me remitieron a un reumatólogo del hospital, que quiso hacerme un chequeo exhaustivo. Me preguntó desde cuándo me dolía. Le contesté que ni lo recordaba. Desde hacía casi treinta años me venían acompañando las hernias dorsales y las lumbalgias, por no hablar de los familiares nudos en los músculos. El reumatólogo abandonó su ordenador, donde tomaba notas, para auscultarme, pero antes se detuvo a escucharme. Me permitió entrar en mi historia. *Auscultare*, escuchar. Me animó a hablar.

Le conté que sufría dolores de espalda desde que era niño. Había sentido dolor hasta en las ingles. Se lo había dicho a mis padres y al médico de la familia. No se trataba de una apendicitis. No era nada. Pero ese dolor me inquietaba. Con el paso de los años, podía definirme como alguien a quien le dolía la espalda. Me había rodeado de barreras contra los juegos y los deportes infantiles. Me dolía. Tenía miedo de hacerme más daño. Tenía miedo.

Cuando alcancé la edad de veinte años descubrí una enfermedad reumática ligada a una soriasis, pero los análisis clínicos no arrojaron resultados concluyentes. Cuando llegué a los treinta, me descubrieron unas hernias. Los dolores eran desproporcionados, los síntomas no coincidían con las causas. Y lo que era más preocupante, ya no resultaba posible aumentar la cantidad y el número de antiinflamatorios que tomaba. En cierta ocasión, un médico me recetó un antiepiléptico. Acababan de prescribirme opiáceos, que me aturdían. Perdí las ganas de continuar.

«¿Treinta años tomando antiinflamatorios? Ya basta. ¿Me permite que cuide de usted? Le voy a remitir a nuestra unidad del dolor. Vamos a probar con la auriculoterapia y la hipnosis». Por una vez, no tuve que esforzarme para convencer a nadie de los beneficios de la osteopatía y la acupuntura, que me funcionaban. Salí esperanzado y sorprendido de que me hubieran recomendado medicinas alternativas.

Algunas semanas después acudí a la unidad del dolor no sin reticencias. ¿De verdad necesitaba ese tipo de cuidados? ¿Me mandaban para que dejara de molestar en las consultas saturadas de pacientes? Me preguntaba si no estaba exagerando mis dolores y me decía que, después de todo, tampoco eran tan graves. Reconocí esa cantinela con la que intentaba minimizar el daño. El recuerdo de la gravedad de las últimas crisis me hizo darme cuenta de que me engañaba.

Me recibió una doctora sonriente y jovial, a quien le confesé que había estado a punto de anular la cita. Ella precisó que yo confundía el dolor agudo con el dolor crónico. Y añadió con humor que, si me habían remitido allí, no era porque el servicio careciera de trabajo. Eso puso fin a mis escrúpulos.

Las primeras sesiones de auriculoterapia se ocuparon de la inflamación masiva. Yo estaba impresionado. Los miembros del equipo estuvieron tratándome durante varios meses. Aprendí a utilizar diferentes técnicas. Anticipaba el dolor y lo trataba. Me preocupaba de mí. La expresión parece anodina, pero me tomé en serio la parte que me correspondía. El hecho de cuidarme me convertía en un sujeto, y no en un paciente.

El hospital se encontraba a menos de veinte minutos de mi comunidad. Iba andando, varias veces a la semana. Lejos de perjudicar mi trabajo, aquellas pausas me hacían respirar. Las salas de espera me permitieron avanzar como nunca en mis lecturas para preparar mis clases.

Ya no me dolía. Aquello era nuevo para mí. Aun así, los especialistas consultados seguían perplejos. No habían encontrado una causa que explicara cabalmente esos niveles de inflamación. Por el momento se iban a abstener de realizar exámenes más invasivos.

Yo estaba feliz, como cuando se disfruta de una ligera brisa tras una tempestad. Los dolores habían dejado de nublarme la mirada, de levantar una pantalla entre el mundo y yo. Pensaba que por fin me iba a recuperar.

En la primavera siguiente viajé a Roma por motivos de trabajo. Aproveché para visitar un museo, algunas iglesias y deambular por sus calles. Un lutier disfrutaba del buen tiempo trabajando a la puerta del pequeño taller. Aquella imagen me evocó la Roma barroca, hasta el punto de sumergirme en las sombras de Caravaggio y su cruda verdad.

Una mañana acudí a la basílica de San Pedro. Tenía mucho interés en visitar los *scavi*, donde se hallan los restos arqueológicos de la necrópolis en la que habían enterrado al primero de los apóstoles. Crucé la ciudad al alba. Unas callejuelas se sucedían a otras. Antes de abandonar el barrio, entré en una cafetería y tomé un *espresso*.

Reanudé mi camino y enseguida se abrió ante mí la Via della Conciliazione, con San

Pedro, majestuoso, al fondo. No soy dado a las devociones, pero experimenté como una necesidad de ir allí.

En una caseta de acogida de peregrinos entregaban una hojita con un salmo. Era la oración de los que vuelven del exilio y se alegran al divisar las murallas de la ciudad santa de Jerusalén.

Mientras pronunciaba las primeras palabras, escuché en mi interior: «Cuídate». Ya no era el médico del hospital quien se dirigía a mí, ni siquiera el recuerdo de lo que me había dicho. Aquellas palabras resonaron con la fuerza de una presencia. Me invitaban a ser amable conmigo mismo.

Había ido a San Pedro para visitar las excavaciones arqueológicas. El guía nos recordó que el emplazamiento de las tumbas era seguro y la identidad del santo, verosímil. Vi la sepultura que conserva oculto el nombre de aquel al que alberga. Ninguna prueba sustituye a la fe. Me sentí acogido por ese silencio en el que cada uno es invitado libremente a avanzar. Más tarde, un fraile capuchino escuchó mi confesión en la basílica, todavía poco frecuentada. Me confortó cuando le reconocí que me costaba aceptar los sufrimientos de mi madre.

Por la noche, en mi habitación, pensé de nuevo en las palabras que había escuchado por la mañana. Me parecía que me conducían hacia un misterio más grande que la tumba de san Pedro.

Pasé aquellos días en Roma como en un remanso de paz, propicio para el recogimiento. Estaba lejos de sospechar el poder que iba a tener aquella sencilla palabra: «Cuídate».

Algunos meses después, en otoño, cruzaba París a pie desde la estación del Este hasta mi comunidad. Volvía del hospital donde estaba ingresada mi madre, tras haber pasado dos días con ella.

Esa hora y media de camino me permitía respirar y retornar a la vida cotidiana. Deambular por las calles me cargaba de energía. Iba variando mi itinerario por los barrios antiguos de la capital. La calma y la libertad me relajaban. La tarde lluviosa era dulce. Me sentía mucho mejor y, por decirlo así, ya no sufría de la espalda. En menos de un año habían desaparecido las crisis y ya no necesitaba tomar ningún medicamento. Mi vida se había vuelto más ligera. Mis colegas y mis compañeros de comunidad me lo habían hecho notar.

Aquella tarde sentía en la parte baja de la espalda un punto que me seguía molestando. Algunos dolores reaparecían cuando estaba acostado. Al día siguiente me esperaba una reunión que me resultaba desagradable. Tenía la sensación de que se intentaba escamotear cierto problema que un profesor había causado. Constatar que no se ponía remedio a aquella injusticia me provocaba en ocasiones unos enfados desproporcionados. Ganaba la impunidad. Aquella negación de los hechos me sacaba de mis casillas.

Me oí pronunciar esta palabra: «Negación». En aquel momento, en la calle, a dos pasos de la estación del Este, la tarde se iluminó. Yo mismo practicaba la negación. «Patrick, tú sabes muy bien lo que te ha pasado». De repente, en menos tiempo del que se necesita para decirlo, recordé el daño. Pero mi cuerpo y mi mente, repatriados en mi historia, eran ahora una sola cosa.

Fui caminando hasta mi residencia sin esfuerzo, como ingrávido. Estaba contento. Sí, contento, ¡por increíble que pueda parecer! Había identificado el mal: mi cuerpo, al que había considerado responsable de los dolores, en realidad no era culpable de envenenarme la vida. Le había administrado drogas para amordazarlo; había tratado de enderezarlo mediante toda clase de ortopedias para hacerlo callar. La etimología es elocuente: lo que pone derecho (*ortho*) al niño (*paidós*). Esa medicina no bastaba. Había que conducir al niño hacia la palabra, dejarlo salir de la falta de habla (*infans*), autorizarlo a pedir socorro.

«¿Me permite que cuide de usted?», me había preguntado el reumatólogo. Yo entré por esa puerta que él había entreabierto. Algo terminó aquel día. El bloqueo, como se probó por lo que vino después, se deshizo.

Negación. Yo había confundido esas tres sílabas con las de «olvido». La negación no olvida, conserva. El sufrimiento no desaparece; no tiene a dónde ir. Se agazapa; se esconde. La negación actúa y hace que todo el cuerpo chirríe. La negación comprime, atomiza el dolor, que se desparrama por el cuerpo y la mente. Se aloja allí donde aparece una debilidad: dolores de espalda, miedos infantiles, falta de libertad.

Durante la agresión, la emoción es demasiado violenta y queda interceptada. En el mismo momento en que golpea es sustraída, sin que haya habido tiempo de sentirla realmente. Esto es obra de algún poder de la psique que pone una pantalla. Pero la víctima no se libra así de ella. Esa es su trampa: lo que en ese momento la protege está generando al mismo tiempo lo que le hará sufrir durante veinte, treinta o cuarenta años. La víctima no podrá sospechar su origen; ha quedado oculto para que el niño pueda crecer.

La negación hace estallar la memoria y la pulveriza. La herida se disloca en secuencias imposibles de superar, en imágenes que ninguna historia articula. Los sucesos traumáticos acaban por desvanecerse, porque no existe ningún deseo de verlos. En la adolescencia yo los había enterrado sin darme cuenta siquiera. Todos preferimos no dedicarnos a pensar en lo que nos duele.

Sin embargo, la agresión permanece y cualquier cosa la despierta. Yo me había vuelto excesivamente reactivo, como decimos de las sustancias químicas. En ocasiones me sumía en un teatro de sombras, en el que dos dedos representaban un lobo feroz, si bien nunca tuve pesadillas que tomaran esa forma. Con todo, a veces la agresión se desliza hasta la superficie, disfrazada, y destroza el alma. A mí me aterraba caminar por un pasillo a oscuras. Una noche, cuando ya tenía más de cuarenta años, me armé de valor y me giré. ¡Nadie me seguía!

La negación disfraza al monstruo y lo convierte en un fantasma irreconocible. Disimula lo que sin ella daría horror. El espanto puede llegar a destruir. La negación protege porque aparta, pero su apoyo es provisional, ya que daña. Por saludable que sea, no hace olvidar que hunde sus raíces en la violencia de un crimen que desfigura la ternura y confunde el amor con el abuso.

Cuando llegué desde la estación del Este a mi comunidad y cerré la puerta de mi habitación, me pregunté si no me lo habría inventado todo. Me horrorizó la idea de que ese recuerdo llegado de golpe fuera irreal. ¿Había sido yo una víctima o no? Durante más de seis meses no supe qué hacer ni qué pensar. ¿Era verdad?

Sí, yo lo sabía. El reconocimiento había sido claro y la liberación que sentí había sido demasiado intensa como para no estar seguro. Sin embargo, la fuerza de la negación me desconcertó por completo. ¿Cómo era posible que se hubiera excavado en la conciencia semejante agujero? ¿Y cómo no me había dado cuenta de que se hallaba abierto? Si había estado ciego hasta ese punto, ¿qué me quedaba aún por descubrir y que, quizá, ni siquiera sospechaba? Temía vislumbrar en mi alma a unos monstruos despiadados que se ocultaban en la linde de un bosque y a los que la noche encubría, haciéndolos pasar desapercibidos. Una tras otra, las preguntas me aferraban con sus cadenas. ¿Cómo y por qué había difuminado en mi memoria aquellas agresiones? ¿Quién lo había hecho, puesto que yo no recordaba haber decidido ese olvido? Me estremecía ante ese trabajo subterráneo que se me escapaba.

Durante largos meses la vergüenza de haber sido manchado se me pegó a la piel. Un sacerdote, durante casi tres años, se había masturbado contra mí. La sensación de culpabilidad no tardó en hacerse presente. Es cierto que no dije nada: ¿Acaso tenía algo que esconder? ¿Había experimentado placer? ¿Qué había sentido de niño? Ese pensamiento me atormentaba. Se había levantado un muro en mí: «No se te permite acceder a esta escena. No volverás a lo que te ha destruido».

Reflexionaba sobre todo esto de manera confusa. Aquellos pensamientos desasosegaban mis noches y ensombrecían mis días con su ruido de fondo. Me tomé el tiempo de apuntarlos. Mi vida cotidiana se había vuelto extraña. Realizaba mis funciones de jefe de estudios y empecé a redactar una nueva obra acerca de la historia de la conversación espiritual. El trabajo me procuraba orden; la actividad me impedía hundirme. Madrugaba para disponer de un tiempo de calma durante el que me dedicaba escribir. Transcurrían las semanas en el Centro Sèvres como si no ocurriera nada. Me sostenía la camaradería que reinaba en las relaciones con mis colegas. No siempre practicaba la paciencia con que me habría gustado escuchar a quienes venían a exponerme sus problemas.

La salud de mi madre se deterioraba, y eso acrecentaba mi preocupación. Ella, sola en una unidad de cuidados paliativos, en la que no faltaron crisis graves, esperaba mi llamada diaria. Me hacía feliz oírla, pero con frecuencia me sentía desamparado ante lo que ella describía, sin amargura, como su calvario. Tenía que luchar para no hundirme en su sufrimiento, que soportaba junto con mi hermano y su familia. Redoblé mis esfuerzos para reservarme algunos momentos de soledad, tan necesarios para todos y tan raros de encontrar incluso en la vida religiosa. Al llegar la noche, después de la cena en comunidad y la oración cantada que compartimos en la capilla, volvía a encontrarme en medio del campo de batalla. A menudo, para retrasar el combate, pero también para concederme una tregua, veía una película, solo o con algunos compañeros. Necesitaba un poco de relax antes de acostarme. El silencio, la meditación y ciertas lecturas intensas me ayudaban. Estaba cansado.

La verdad que se había revelado en un momento de iluminación había trastocado mi identidad según la conocía. Había hecho trizas el relato fabuloso de mi infancia, en el que se mezclaban momentos felices y verdaderos. Me hallaba frente a un espejo roto que tenía en el centro una esquirla con la que no sabía qué hacer. Sus ángulos cortantes hacían sangrar mi carne. Durante largos meses me pareció que nunca lograría reunir sus pedazos. Cada jornada traía una nueva comprensión de un rasgo de mi personalidad. Desconocía la imagen que aquel rompecabezas terminaría desvelando. No disponía de ningún modelo y aquel desorden no tenía nada de juego. Mi historia personal me arrojaba a la intemperie. En ella, desnudo, me sentía feo. No era capaz de aceptar lo que había abierto aquella revelación. Tuve que aprender a acoger con dulzura lo indeseable.

Ni se me ocurrió compartirlo con nadie. Elaboraba escenarios interiores buscando alguna confirmación. ¿Había sido yo la única víctima? ¿Era conocido el agresor por hechos similares, en otros lugares, en otros periodos? Me enredaba en aquella seudo-investigación, que llevaba a cabo por mi cuenta, sin poder recibir ayuda. Fantaseaba desempeñando todos los papeles: investigador, testigo, fiscal... Aquello no conducía a nada. ¿Cómo iba a establecer los hechos? ¿Por qué iba a hablar, y con quién? ¿Había que poner una denuncia? Pero ¿no sería difamación? ¿A quién desvelar el nombre de ese sacerdote sin levantar sospechas? ¿Supondría armar un escándalo? ¿Qué dirían en mi entorno eclesial? En aquel 2016 las mentes todavía estaban lejos de encontrarse preparadas, y algunos siguen hoy sin haber entendido en absoluto la necesidad de ayudar a las víctimas y de perseguir a los culpables. Iban a equivocarse acerca del sentido de mi acción, y yo no tenía ninguna necesidad de soportar las consecuencias de un malentendido. Tampoco quería verme encerrado en el papel de víctima. Las ideas no paraban de amontonarse. Su agitación me impedía actuar, decidirme. Esto me ahorró, sin duda, dar pasos precipitados en un momento de gran fragilidad.

En primer lugar, tuve que aprender a creer en la increíble crudeza de la agresión para atreverme a denunciarla sin rodeos. Tuve que luchar contra mi propia incredulidad. Lo único seguro que tenía era la alegría paradójica de aquella tarde en la que se me había revelado mi historia.

Por mi cabeza seguían revoloteando mil pensamientos, que me agotaban. Hacía casi seis meses que vivía con este tormento, que procuraba no mostrar a nadie. Podría haberme arriesgado a compartirlo con uno u otro hermano de comunidad, pero habría sido en vano. Yo no podía más. Las preguntas formaban una madeja que no paraba de enrollarse a mi alrededor. Un domingo por la mañana –recuerdo que era el día de Pascua– en la sacristía de la capilla del viejo hospital donde residía mi madre, le pregunté con naturalidad a un sacerdote de Verdún:

–¿Tienes noticias del padre N.?

–¿De ese canalla? ¡Pensar que toda mi vida he tenido que ocuparme de curas pedófilos!… Ya en los años cincuenta el obispo me envió a uno para que lo acogiera antes de que lo transfiriesen a una casa en el centro de Francia…

Yo no había delirado. El padre N. era conocido por sus agresiones. Por tanto, yo estaba en lo cierto. Podía llevar la cabeza alta.

Pasaría la tarde con mi madre, compartiendo las magdalenas que le había hecho.

Decidí escribir al obispo de Verdún para indicarle que tenía en su diócesis a ese sacerdote pedófilo. Dudé mucho antes de hacerlo. A pesar de que un jesuita de mi confianza me recomendó que lo dejara estar, yo sentía firmemente, por el contrario, que debía hablar. Me ayudaba el trabajo continuado, desde aquel día de Pascua, con una psicóloga. Tomé mi decisión en un espacio de silencio; agobiado, pero no abatido.

Una tarde, mientras rezaba, me decidí a escribir al obispo para comunicarle los hechos y la identidad del sacerdote que me había agredido. Dormí mejor que de costumbre. Me levanté temprano para redactar la carta en la calma matutina. Cuando estaba a punto de acomodarme en mi mesa de trabajo, situada apenas a unos pasos de la cama, las fuerzas me abandonaron. Volvían a mi memoria las objeciones. ¿Por qué iba a escribir? ¿Para qué remover todo aquello? Experimentaba más que nada mi falta de libertad.

Súbitamente sentí que me empujaban por el hombro y me vi ante mi escritorio. «Creo y hablaré, yo que tanto he sufrido»[1]. Recordé este salmo en el momento en que iba a desistir. Abrí el ordenador. Lo que siguió fue un combate contra el caos.

Al cabo de algunas frases introductorias, me encontré como sepultado en la lengua, en un magma inexpresivo que parecía ajeno a las reglas de la sintaxis. Las palabras se sucedían confusamente. Tuve que apoyarme en las manos para sacar la cabeza fuera de la lava. Nunca había tenido que hacer un esfuerzo físico tan grande. Me oí a mí mismo aullar igual que cuando se lanzan las últimas consignas a alguien que se está ahogando en medio del estruendo de unas aguas que se lo van a tragar: «¡Sujeto - verbo - predicado!». Me agarré

---

1. El autor está citando el salmo 115, que en castellano tiene una traducción un poco distinta: «Tenía fe aun cuando dije: '¡Qué desgraciado soy!'» (N. de la T.).

a esto y, como si me estuviera arrancando de las entrañas unas cuchillas de afeitar, me puse a escribir con palabras normales y corrientes. Tenía la sensación de estar esculpiendo un bloque macizo de mármol.

Le conté al obispo lo que me había pasado. Bastaron algunas frases; no fui capaz de más. Pensé que tenía que precisar que durante mucho tiempo no me había acordado de nada, a pesar de que en la adolescencia me di cuenta de lo que me había pasado. En resumen, expresaba la liberación que me había procurado el reconocer las reiteradas agresiones sufridas.

Cuando llegaba al nombre de ese sacerdote, no conseguía poner delante el título «padre». Y tampoco he sido nunca capaz de pronunciar su apellido. Me pierdo en las vocales y las consonantes palatales. ¿Por qué? Incluso después de leerlo, he de verificar la ortografía cuando tengo que indicar su identidad. A mis oídos de niño ese sonido está pringoso y resbala. Así es. Ya basta. No tengo ganas de recordarlo. No quiero tenerlo nunca más pegado a mí.

No estaba del todo tranquilo ni seguro de que me fueran a responder. Cerré la carta y envié una copia al obispo responsable del departamento de la lucha contra los abusos en Francia. Este me llamó por teléfono a los dos días. En cuanto al obispo de Verdún, me recibió al mes siguiente. Me habían escuchado. Yo había expuesto ya mi caso al fiscal. «Llega hasta el final. Yo te apoyo». El obispo me daba ánimos.

Escribí al fiscal sin más dilación. Esa carta fue más fácil de redactar. Me había informado, gracias a la página del Ministerio de Justicia, acerca del tipo de denuncia que debía poner: una contra aquel sacerdote por abusos sexuales de menores, y otra contra X por no haberlo denunciado. Me habría costado demasiado equivocarme acerca de los pasos que dar. Debía acertar a la primera para no tener que volver a empezar. Me esforcé por entender con precisión el procedimiento judicial. Más tarde, un magistrado me confirmó que había hecho lo que había que hacer.

Todo aquello me agotaba. Aun así, desde entonces vivía feliz y fortalecido. Además, fue también por entonces cuando pude acompañar a mi madre filialmente en sus últimos meses de vida.

Mi oración se transformó. Iba recuperando el gusto por el tiempo que pasaba antes de acostarme en la capilla de la comunidad. Al pie del crucifijo medieval, tan familiar, me mantenía a la espera de que Cristo pasara en silencio, como tuviera a bien. Me desahogaba. Me apoyaba en el canto que había educado la sensibilidad en mí. Sentarse ayuda y dispone. La oración yace a ras del suelo. Sube de las entrañas. El cuerpo necesita descubrir cómo puede el alma encontrar lo que busca.

Recordaba un verso del profeta Isaías: «El lobo habitará con el cordero, el leopardo se acostará con el cabrito, el ternero y el leoncillo se alimentarán juntos, un niño los conducirá»[2]. Vi a ese niño, aliviado, feliz y sereno; reconciliaba a las bestias salvajes con sus presas. La mansedumbre y la ferocidad reunidas. Decidí seguirlo para dejarle cumplir su tarea.

2. Se refiere al famoso oráculo mesiánico de Isaías 11, 1-9, concretamente al verso 6 (N. de la T.).

Durante las semanas que precedieron a aquella curiosa Navidad, yo iba cada noche a encontrarme con él. Yo era ese niño. Me descubrí llevado por él. Senté al niño que era yo sobre mis rodillas para que descansara y me guiara. El Niño me llevaba. Yo me había confirmado en la alegría de decir la verdad, dentro de una economía de palabras y de silencio.

Algunas semanas más tarde sonó el teléfono. Era un oficial de policía a quien el fiscal general había remitido mi expediente. Yo lo esperaba, pero no daba crédito a mis oídos. Me asustaba la posibilidad de que me vieran como un culpable, y mis temores me habían vuelto irracional sin que me diera cuenta.

Las preguntas fueron precisas y planteadas con respeto. Finalmente me preguntó:

—¿Podría usted venir a la comisaría para presentar la denuncia?

—Es que en cuanto tengo un momento libre voy a ver a mi madre, que tiene los días contados.

—En ese caso, consultaré con el fiscal si le pueden atender en la comisaría cercana a su domicilio, para no estorbarle sus visitas.

Cuando colgué el teléfono, me senté en mi sillón, abrumado. Me sentí aspirado violentamente al interior de un abismo y luego, justo a tiempo, antes de ser engullido, expulsado. Un grito me lanzó fuera del precipicio en el que acababa de ser arrojado. En ese instante, a los cuarenta y ocho años de edad, había vuelto al tiempo de mi infancia. Grité lo que se había quedado petrificado y escuché por fin ese grito tanto tiempo calcificado. Gritar, decirlo a voces me devolvía de golpe a la vida. Gritar, vociferar: ofrecer con la voz. No obstante, se adivinaba también que el grito estaba oxidado, lleno de herrumbre. Me derrumbé.

Mas de inmediato, sin hacer ruido, el niño que yo había sido acudió a consolarme. Se acurrucó contra mí y me dio las gracias por haberme atrevido a emprender aquel camino. Un soplo poderoso me envolvió. Y me hizo nacer por segunda vez.

Decidí actuar. Denunciar. Mediante el proceso judicial, el denunciante vuelve a poner las cosas en su sitio. El término «delito», que forma parte del vocabulario jurídico, le permite calificar los abusos que ha sufrido de una manera distinta que por medio del trauma que lo abruma. El derecho cambia su punto de vista. Hasta entonces yo no había reconocido la gravedad de las agresiones. Gracias al enunciado abstracto que proporciona el código penal, el denunciante descubre por fin que él no es el único que rechaza lo que se le impuso. La ley lo prohíbe. «Constituye una agresión sexual todo acto cometido con violencia, coacción, amenaza o por sorpresa». La prohibición autoriza al demandante. Este puede denunciar. Mi malestar es un mal cuya gravedad expresa la sociedad en la ley. A cambio, yo puedo reconocer la verdad de mi sufrimiento sin encerrarme en el papel de alguien que gime: ¡Nunca nadie podrá consolarme, nunca! «Que haya siempre un poco de boato mezclado con las lágrimas», se burlaba La Fontaine.

Yo no quería lamentarme, compadecerme. Vivía. Encontraba consuelo dentro de la rudeza de una situación que me dejaba desamparado. La alegría que me había embargado al arrancarme de la negación no podía encontrar salida en la denuncia. Tuve, sin embargo, que desembarazarme de ese término. Denunciar me permitió no volver a ser el niño encerrado en el silencio. Me atreví a arriesgarme, a utilizar una palabra precaria. Mi recuerdo de los acontecimientos era parcial, defectuoso. No podía decir si había habido testigos, si había otras víctimas. No soy el único que posee la verdad acerca de lo que me ha sucedido. Lo cierto es que he sido agredido, y sé por quién. Llevo su herida y me ha hecho sufrir mucho tiempo, pero el recuerdo de esos acontecimientos tiene agujeros. Para vivir es necesario olvidar. La víctima paga con la perturbación de su memoria. Su testimonio queda debilitado. Su palabra, adquirida de un modo tan duro, es dudosa. No dejar que la incertidumbre socave la determinación de hablar supone atreverse a denunciar el crimen y la identidad de su autor y, a la vez, reconocer que uno no conoce la totalidad del asunto. Yo decidí hablar de ello.

Presentar la denuncia en la comisaría cercana a mi domicilio me puso a prueba. Hubo que rememorar los hechos con precisión: si yo había visto su sexo, si él había tocado el mío. Tuve que nombrar testigos a otros sacerdotes que habrían podido estar al corriente, a los que estaban presentes en aquella época en la parroquia. Uno de ellos había influido no poco en el despertar de mi vocación. Se me llenaron los ojos de lágrimas. Aún no me había enfrentado a esas cuestiones. Ya no se trataba de unas lágrimas abrumadas, sino de la emoción suscitada por ese recuerdo, nuevo, venido de la infancia. Yo apreciaba la delicadeza de la joven agente de policía («guardián de la paz» se llama en francés, ¡qué nombre tan bonito!). Me reconfortó y le di las gracias. La verdad requiere ese despojamiento suplementario del denunciante. Al presentar la denuncia en un despacho de policía, uno se separa de los afectos de la denuncia para entrar en la narración. Así, yo salía de mí otra vez. Este procedimiento frío obliga a tomar distancia, una distancia difícil, pero benéfica. Se puede llorar, pero no es el momento. Esta vez, contener el dolor ya no es negarlo, sino dejarlo a un lado para poder hablar.

Ya no me encontraba solo en ese camino. Esperaba que la justicia me ayudara. No obstante, estaba montando un muelle cuya tensión iba a hacerme daño a su vez. Me tocó esperar un año y medio la decisión del fiscal.

Después de denunciar los abusos sufridos, pensé que había puesto fin a esta historia. Imaginaba que ya disponía de un lugar donde guardarla. Sin embargo, me resultaba imposible desprenderme de ella. Un día comprendí que estaba alerta constantemente, o casi.

Jamás me siento dando la espalda a una puerta abierta. Temo que la fuercen. Nadie había llamado a mi puerta, como por su parte recuerda la mujer del Cantar de los cantares: «Me levanto para abrir a mi amado». El que no se me concediese siquiera la posibilidad de levantarme para abrir la puerta, me bloqueó. De niño me daba miedo perder la capacidad de caminar. Y había notado unos síntomas, que pronto desaparecieron. Durante una gripe, a la edad de las agresiones, me quedé sin fuerzas para sostenerme. Se me doblaban las piernas. El médico de familia barajó el síndrome de

Guillain-Barré (aquel nombre me impresionó tanto que todavía lo recuerdo). Después de algunas pruebas, descartó el diagnóstico, pero aquella pesadilla duró toda mi infancia. Hoy me pregunto si mi cuerpo no utilizó aquella estratagema para llamar la atención.

Un niño no cierra la puerta a quien viene a acariciarlo. Y así es como se abusa de él. El diccionario, con su laconismo, explica perfectamente este verbo: «Abusar de una persona: poseerla cuando no se halla en condiciones de negarse». La siguiente acepción estremece: «Usar hasta que desaparece el objeto».

Estoy alerta. Veo que alguien viene. Siento que el manipulador merodea. Quiere tener acceso a mí sin mí. Entra. Se sirve. Lo único que busca es su placer. Y yo me encierro, me escondo en mí mismo. ¡Ojalá no vuelva a pasar! Estar siempre alerta, preguntarse de continuo «¿quién anda ahí?» agota. Pero oigo el paso siguiente: «¡Pues que viva!». Entonces dejo de crisparme. Confío en que la cosa siga así.

Mi palabra se había liberado, pero yo experimentaba fuertes tensiones. No obstante, entraba en una vida nueva, que no se parecía a la que había imaginado. Mi cuerpo aún conservaba la huella de lo que mis recuerdos no habían sido capaces de retener.

No era doloroso. Podría haber recordado las caricias de mis seres cercanos. Pero mi cuerpo se revelaba como una mano tan brutal y rápida que me constreñía.

De hecho, mi cuerpo se había retorcido y replegado alrededor del eje vertical. El diafragma se había aplastado y el plexo se había comprimido. Para proteger el centro, lo exterior se había soldado y me había generado un constante estado de tensión. La angustia no me había dado tregua.

Estaba en carne viva, agrietado. Con sobrepeso. Los músculos contraídos hasta desgarrarse. Padecía de inflamación, trombosis, huesos comprimidos, pinzamiento de discos, hernias. Durante mucho tiempo, para dormir tenía que esconderme bajo las mantas y ponerme tapones en los oídos para evitar hasta el más leve ruido. Si sentía unos pasos, me preguntaba: «¿Quién está enfadado conmigo?». O una luz: «¿Quién se acerca?». Conocí la ansiedad, el insomnio. Era una ira que no lograba reconocer. No tenía rostro.

Y ahora padezco hipertensión, dolor de estómago... y todo sin estar enfermo. Síntomas de hiperemotividad –repiten los médicos– que podrían deteriorar su salud en las próximas décadas. Sin embargo, dedico tiempo a cuidarme. Tengo que hacer estiramientos sin cesar, cientos de veces, para volver a emprender la tarea de relajarme: por la mañana, por la tarde y por la noche. Y vuelve a encerrarse, a doblarse este cuerpo retorcido.

Me parece que hace cuarenta, veinte años no sufría de esto. Este desgaste ha aparecido en los últimos años. ¿Cito de nuevo el diccionario? Qué valioso es. Da testimonio del carácter común de lo que me pasa. Secuelas: «Consecuencias, complicaciones más o menos tardías y duraderas de una enfermedad o de un accidente». Quienes no entienden por qué las víctimas hablan tanto tiempo después de sus «presuntas» agresiones ¿se fiarán al menos de lo que dice el diccionario? Como esas piedras que aparecen en el campo o, como en Verdún, esos obuses que vuelven a salir a la superficie y amenazan con explotar a quien los manipula sin precaución. Tomar la palabra me ha sacado del campo de minas.

De niño había tenido diversos síntomas, que no indicaban nada porque no los habían relacionado entre sí. Mi cuerpo se había expresado, pero yo no había hablado. Los insomnios de la adolescencia o los temblores que me despertaban no habían evocado para el médico ningún trauma. No era el momento de ese tipo de diagnóstico. Yo había aprendido a vivir así, había convertido mis angustias sin imagen en la pintura ordinaria de mis noches avaras de sueños. Por el día superaba mis miedos, al principio tímidamente. Adquirí seguridad, y vi que eso era bueno. Se engañaban acerca de mi temperamento. No tuve otra opción que confiar en mí, aun cuando me resultaba imposible. Descubrí que podía cruzar vados, porque la libertad me llamaba y, envalentonado, me arriesgué a hacerlo.

Me digo que, a pesar de todo, tengo suerte. Un amigo mío, muy querido, murió por haber sido víctima de su padre.

Seguí mi caso con sumo interés. La justicia iba a librarme del mal. Esperaba de ella más de lo que podía darme: la verdad de la que yo no disponía.

Me habría gustado oír los hechos, leerlos en un informe de la investigación. No tenía bastante con estar a solas con mis recuerdos, mis miedos, mis impresiones y mis deducciones. El derecho se enuncia sin afecto para que lo justo pueda decirse sin dejarse atrapar por el escándalo, el horror o la cólera que embargan. La víctima en ese momento no necesita la emoción de los demás. Desea reconocerse en unos hechos calificados como agresión, delito o crimen.

El tiempo me agobiaba. Asumí que la justicia no me libraría del miedo. Quizá me había imaginado que vería al fin la escena: que el agresor, al ser interrogado, esbozaría un arrepentimiento que me trasmitirían; que la diócesis, por una u otra vía, presentaría sus excusas y admitiría la gravedad de sus errores; que llegaría una reparación (sin tener la menor idea de cuál sería).

Mi situación se movía entre claroscuros. Sabía lo que me había sucedido. Unos diez años después de que aquel sacerdote me agrediera, me enteré de que lo habían relegado a la secretaría del obispado. Cuando me encontraba con él, de adolescente, tenía la impresión, las raras veces en que nuestras miradas se cruzaban, de que estaba en tratamiento. Caminaba con el torpor típico de quienes se hallan bajo los efectos de los neurolépticos. ¿Se habían tomado medidas? ¿O lo habían enviado fuera posteriormente, puesto que ya no se le veía por Verdún? ¿Se trataba sólo de unas historias que yo me había contado y que ahora recordaba? La justicia iba a poner orden en lo que se agitaba dentro de mí; iba a distinguir entre lo que me había pasado, lo que había inferido y lo que, sin duda, yo reconstruía para poder resistir.

¿Qué conocían del culpable? El obispo me lo confesó: «Todos los sacerdotes presentes en aquella época lo saben». Por lo tanto, es reincidente, puesto que yo nunca había hablado de mi caso. Eso es lo que entendía, lo que deducía de lo que me contaban.

Me habría gustado no tanto tener pruebas de lo que pasó –es algo lejano, los testigos ya han desaparecido o tienen lagunas–, cuanto un balance de la situación.

Quería mantenerme informado. Deseaba introducir –en lo que recordaba por oleadas, que me perturbaba y a veces se calmaba– la neutralidad de una constatación: esto es lo que la investigación permite decir cuarenta años más tarde. Parecerá extraño, pero las seguridades fácticas habrían aliviado la quemazón de no saber lo que me había sucedido exactamente.

La ley dictaminó: «Considerando la fecha de los presuntos hechos, los veinte años transcurridos desde su mayoría de edad y la fecha de su denuncia, el plazo ha expirado». No recibí más que una notificación de que el caso se archivaba. El delito había prescrito.

Denunciar no había servido absolutamente de nada. Sólo en aquel momento me enfadé con los que no habían actuado de otra manera. Apartar al sacerdote no había bastado; la policía tendría que haberlo arrestado después de sus primeros crímenes. Telefoneé al obispo de Verdún para informarle de la decisión que había tomado el fiscal. No dejé traslucir mi rabia ni mi tristeza. Estaba conmocionado, pero me esforcé por mostrarme amable. Él me aseguró que iba a escribir a la Congregación para la Doctrina de la Fe, que es la que se ocupa en el Vaticano de estos expedientes. Corresponde únicamente a los obispos llevar a cabo este procedimiento.

El fiscal, con todo, había añadido una nota al final de su correo: puede ocurrir que jurídicamente se establezca el carácter delictivo de unos hechos, pero que ya no sean punibles por haber prescrito. Este apunte me fue de gran ayuda.

Menos de una hora después, escribí a un amigo sacerdote de la diócesis, que yo pensaba que sabía algo. Cuando tenía unos dieciocho años le había pedido noticias de N. Entonces esperaba, sin duda, que me contestara comunicándome al menos sospechas o rumores. Tengo la impresión de que en aquella circunstancia yo habría podido hablar. Como tan sólo me informó de dónde residía, no seguí adelante. Lo dejé estar. Pero treinta años después ya no me dio miedo preguntar.

Mi amigo me respondió inmediatamente.

Sus primeras palabras me bastaron: «Cuando yo vivía en Verdún se decía que a N. lo habían colocado en la secretaría del obispado para 'alejarlo de los niños'».

Por consiguiente, yo estaba en lo cierto. Desde que había recordado mi historia, me preocupaba mi capacidad para sentir y para comprender lo que me había sucedido de niño, y lo que me estaba pasando desde entonces. Me daba miedo haber perdido el sentido de la realidad. Para mí fue esencial que me confirmaran en mi percepción. Sí, era verdad que a ese sacerdote lo habían apartado.

¿Por qué, la noche antes de recibir ese correo, había surgido un recuerdo preciso en un sueño? Era la primera vez que aparecía mi agresor. No era una pesadilla, sino una reminiscencia, una escena que se me hacía presente de nuevo.

En la época de las agresiones, mi padre y yo íbamos algunos domingos por la tarde a la residencia de los canónigos de la catedral. Mi padre había estado hospitalizado al mismo tiempo que uno de los sacerdotes y habían entablado una bonita amistad. Aquella noche recordé que en la misma casa vivía el padre N. Y también que, cuando llegábamos, salía corriendo. Sentí en mi sueño, intacta, la incomodidad que había experimentado de niño. ¿Por qué ese hombre que se frotaba contra mí por la mañana me evitaba por la tarde? Ese malestar me seguía habitando cuando me desperté. Reconocí esa sensación única, el frío metálico que me helaba entonces. Por la mañana se cerraba una trampa sobre mí, pero por la tarde aparecía la mentira. Esa huida que me desconcertaba me revela hoy que el niño había percibido esa agresión que, en el momento en que se producía, no era capaz de ver.

Desde que recibí el correo de mi amigo, las cosas cambiaron. Adquirí la seguridad absoluta de que había sido una víctima, y también de que mi denuncia era creíble.

Ha faltado poco para que no hablara de mi rabia. Me da vergüenza, porque me lacera y me aleja del hombre pacífico que me gustaría ser. Está ahí, como lava incandescente, y sus erupciones me hacen sufrir.

Me enfurezco en situaciones muy similares. Así fue incluso como acabé por captar mi negación. No soporto que alguien con autoridad cometa una injusticia. Y menos aún que se niegue un abuso. La rabia explota cuando la voz de las víctimas, una vez más, no es escuchada. Me ahogo, literalmente. Se me corta la respiración. Me tapo la boca con la mano para no hablar. La rabia me oprime, porque veo materialmente, con absoluta nitidez, la sombra del que domina.

¿El ejemplo más reciente? Es casi ridículo. Un profesor colega se había enfadado con un empleado porque había un error en la hora de reserva de una sala. El empleado no tenía la culpa. El reproche me sacó de mis casillas. La realidad, entonces, se alinea en mi mente en un solo plano, y mi razón pierde el control: alguien pequeño es devorado implacablemente por otro más grande. La razón del más fuerte es siempre la mejor...

Estas situaciones se repiten. O, mejor, yo veo que se repiten sin cesar. Mis ataques de ira a menudo las envenenan y me hacen ser injusto. Sin duda, a veces, he exagerado el daño, víctima de un efecto de lupa. Reacciono como si fuera yo el agredido. A la bondad siempre le cuesta desactivar mi ira, y eso me apena profundamente.

Luchar contra la ira no sería nada si no tuviera que combatir también contra el mutismo. La injusticia me deja anonadado, y a menudo sigo siendo incapaz de decir nada. La sordera frente a los casos de pedofilia en la Iglesia me indigna. Su silencio hunde a las víctimas en el mutismo, la vergüenza y el dolor.

Se han hecho serios esfuerzos, pero el desdén y la falta de empatía de algunos me angustian. Nada me resulta más insoportable.

Tampoco basta con respetar los procedimientos canónicos. Es necesario haber sentido el gusto amargo de estos crímenes y la vergüenza que abruma a las víctimas hasta extremos inconcebibles.

Resulta imprescindible dejar a un lado la rabia sin perder la determinación de hablar.

Quedé consternado por no haber sido capaz de hablar durante tantos años.

Yo había sido profesor de humanidades y ahora de teología. Me había dedicado a la predicación. Había escrito libros. Llevaba años profundizando en los *Ejercicios espirituales* de Ignacio de Loyola, que invitan a hablar con libertad. Aun así, yo me había callado. ¿Había malbaratado mi vida hasta ese extremo? Me había engañado a mí mismo. ¿No había sido más que un impostor? No podía apartar de mi cabeza este pensamiento. Sentí vértigo al tomar conciencia de mi ceguera. La larga formación recibida para escuchar, hablar y acompañar no había servido, pues, de nada.

Muchas tardes de mi infancia solía ojear el diccionario y descubría el tesoro que encerraba. ¿Acaso la lectura no había sido más que la búsqueda vana de unas palabras que yo era incapaz de decir? Un gusano en la fruta echaba a perder mi amor por las letras, mi deseo de escuchar y de dar la palabra. Reconocer lo que me había pasado había sido primero una liberación, que poco después se convirtió en un ácido corrosivo.

Sin embargo, ¿cuántos horizontes me habían abierto mis lecturas, hasta decidir en parte mi vida? ¿Acaso no había sido por haber recorrido las Escrituras por lo que había decidido compartir su sabor y su fuerza liberadora? Tuve la impresión de que me había distraído con la palabra de los demás en lugar de intentar liberar la mía. Estaba equivocado. De golpe, la literatura pasó a no ser más que el sonido de lo que yo era incapaz de decir. ¿Me había limitado a buscar mis palabras en los escritores cuando habría debido antes abrir la boca? Lo que me había conducido con pasión hacia las letras y con rigor hacia el estudio, todo esto, súbitamente, estaba suspendido en el vacío. Los libros de mi biblioteca no eran más que cenizas. Al dolor de saberme víctima se añadía el de ver que mis apoyos se desmoronaban. Estuve a punto de perder la sensatez.

En aquella misma época se dieron unas circunstancias profesionales que me hicieron reconsiderar mi carrera universitaria. Un colega relacionó mi primer trabajo sobre las *Fábulas* de La Fontaine, redactado hace unos treinta años, con mis estudios actuales dedicados a la conversación espiritual. Ambas cosas –argumentaba él– eran ocasiones que se ofrecían a los sujetos para tomar la palabra. Aquello me impactó.

Yo sabía que mi gusto por las *Fábulas* venía de la infancia. Había descubierto a La Fontaine cuando tenía siete años, gracias a un disco que me gustaba poner una y otra vez.

> *Un lièvre en son gîte songeait*
> *(Car que faire en un gîte*
> *à moins que l'on ne songe?).*
>
> Soñaba una liebre en su madriguera
> (¿qué se puede hacer en una madriguera
> si no es soñar?).

Me sumergía entonces en el universo musical del poema. Bastaban unas sílabas para envolverme en su halo. Había construido mi madriguera.

Protegido por mi entorno familiar, vivía con buen humor, con la alegría del fabulador.

Relegaba a los ogros de los cuentos al monstruo que se agazapaba a mi espalda.

Me arriesgaba a salir, contento de encontrarme con otros. Como la liebre de la fábula, había vencido el miedo.

> *Il n'est, je le vois bien,*
> *si poltron sur la terre*
> *Qui ne puisse trouver*
> *un plus poltron que soi.*

> No hay nadie, ahora lo veo,
> tan miedoso en el mundo
> que no pueda encontrar a alguien
> más miedoso que él.

Sin embargo, yo acababa de reconocer al monstruo y ya no podía refugiarme en ningún poema.

Mi colega, cuando hablaba de mis trabajos, ignoraba que las *Fábulas*, que me habían hecho nacer a la cultura literaria, chocaban con ese silencio que tanto me había hecho sufrir.

Por poco me tambaleo cuando le oí decir que las *Fábulas* manifiestan la precariedad de la palabra. Se ruega en vano –añadió–.

La evocación de la melancolía de La Fontaine me abrumaba. ¡No! Esa precariedad había forjado mi oído y mi voz. No se trataba de una pura pérdida. La fábula me había prometido la palabra.

«Y, a pesar de todo, usted hoy es sacerdote. ¿Cómo es posible?», me preguntó en un aparte el inspector de policía. La respuesta llegó, directa: «Porque creo en Dios». Me sorprendió la evidencia con la que lo dije.

La agitación de estos últimos años me ha permitido volver sobre esta respuesta. ¿Por qué había decidido hacerme sacerdote? ¿Y por qué debía seguir siéndolo hoy? Yo era feliz con mi vocación, pero me sentía empujado a hacerme esa pregunta. Quería ser sincero sobre mis decisiones. También esto ha sido una tarea laboriosa.

Ignoro qué suscitó aquella atracción en mi infancia. Me han contado que manifesté muy pronto que quería ser sacerdote. Lo recuerdo, así fue. Tengo la sensación de que aquel deseo tomó la delantera. Yo me lo apropié, no sin esfuerzo. Más tarde, cuando las decisiones empezaron a adquirir forma, me pareció que podía ayudar a mis compañeros de instituto escuchándolos. Me asombraba la concordancia entre lo que me contaban de su vida, ya para algunos muy dolorosa, y las situaciones que yo encontraba en las páginas del Evangelio que leía entonces. No se trataba de hacer milagros ni de multiplicar panes, sino de hallar una salida donde todo parecía cerrado. A quienes se hundían en su culpabilidad o bajo el peso de la acusación de los demás, Jesús de Nazaret los liberaba sin pretender engatusarlos. Se mostraba libre frente a las autoridades de su tiempo, denunciaba la hipocresía religiosa y defendía a quienes eran obligados a callar. Y acabó injustamente condenado a muerte. ¿Cómo no me iba a seducir?

Es cierto que yo no veía en él a un Dios, sino a un sabio del que se podía decir que era santo. Me sentía poco inclinado a creer en un Dios todopoderoso. Las obras que leíamos en el instituto alimentaban mi desconfianza. La cándida ironía del mejor de los mundos, así como la sabiduría de los estoicos, respondían en parte a mis inquietudes de adolescente. Camus me volvía loco. El «santo sin Dios» de *La peste* me parecía la meta a la que me conducía el cristianismo. El credo del doctor Rieux coincidía conmigo: «Creo que no me gustan ni el heroísmo ni la santidad. Lo que me interesa es ser hombre». Habría suscrito esta confesión.

Pero me conmovieron las entrañas del Dios que Moisés descubre en la zarza ardiente. «He visto la desgracia de mi pueblo y lo he oído gritar bajo los golpes de los capataces». Esta frase no resuelve nada, pero me impactó. Me volvió hacia Dios y me hizo descubrir que era distinto a como lo imaginaba. Dios se dejaba estremecer; no habitaba en un Olimpo alejado de nuestra tierra. Con todas las apariencias de mitología que se puedan atribuir a la historia de su hijo, esta acababa de un modo que nos habría gustado que fuera muy diferente: que un padre que era Dios hubiera acudido en su ayuda. Sin embargo, no había ningún golpe de efecto: el hijo moría en una cruz. La vida de todos pasa por la muerte. Dado que el cristianismo se situaba allí, eso lo salvaba a mis ojos. En consecuencia, yo podía aprender de él cómo habitar mi humanidad, conservando la esperanza de que la muerte no sería el final de todo. Los primeros libros de teología que me prestaron –los hay buenos– me animaron a continuar. Estábamos en un momento en que la Iglesia no levantaba fronteras entre creyentes y no creyentes, sino que se interesaba por todos.

Ser sacerdote se me presentó, tras muchas dudas, como el camino que tomar. Sin embargo, alimentaba otros proyectos. Me veía como profesor en un colegio o en un instituto. Me enamoré. No me imaginaba obedeciendo a un superior religioso o a un obispo. Fueron años de vacilación. Con el título de bachillerato en el bolsillo, me matriculé en un curso de preparación para la universidad, y eso me situó ante mis aspiraciones fundamentales. Sí, deseaba enseñar, y podría hacer un trabajo de investigación en la universidad, pero no podía renegar de esa adhesión primera a Dios. Se trataba de algo así como una atracción magnética experimentada desde la infancia.

Con todo, no era gran cosa, apenas una luz tenue, la lamparita roja del sagrario. De niño había comprendido que esa lucecita, que provenía de una simple bombilla y no de una llama, era una señal. Me parecía ligada, verdaderamente en esta ocasión, al origen del mundo, no a una idea sin rostro, sino al Nombre que mis padres me habían enseñado discretamente a pronunciar por la noche al acostarme. Simplemente eso. Años más tarde, un versículo me había confirmado en esa austeridad oscilante: «No apaga la mecha vacilante»[1]. Eso me bastó entonces para mantenerme en la fe.

De improviso, se abrió paso en mí esta pregunta: «¿Dónde estaba tu Dios cuando te agredían?». No sé qué responder. No creía que Dios nos pusiera a resguardo de la violencia, y esto me lo confirmaba la muerte de su hijo. Pero él escucha y así es como salva. Job suplicaba a sus amigos, tan inclinados a catequizarlo sin escucharlo: «Escuchad, es-

1. En el evangelio de san Mateo 12, 20 se aplica este texto del profeta Isaías 42, 1-4 a la actitud de Jesús de Nazaret, que es modelo para sus seguidores (N. de la T.).

cuchad mis palabras y me consolaréis»[2]. Los consuelos que buscan sólo racionalizar el sufrimiento son ilusorios. La inacción de Dios nos pone a prueba. Creo que es la cara oscura de su atención.

Yo no me dije que el daño que había sufrido no tendría que haber sucedido en la Iglesia. Entendí, desde que era adolescente, que la Iglesia no está exenta de los males que perpetra la humanidad. Sus crímenes ponen al descubierto la única cuestión válida: ¿Cómo me sitúo yo, uno de tantos, frente a la violencia que descubro en la humanidad, en mí y, *a fortiori*, en quienes profesan una ética de amor al prójimo? Mientras la Iglesia católica –por hablar sólo de ella– piense que está libre del mal, irá por un camino falso. Como creyentes, estamos llamados a reconocer que el mal actúa en ella, igual que en cualquier grupo humano y en cada uno de nosotros. Está claro que la conciencia de todos nosotros se halla dividida. Es patente en el mal

2. Se cita aquí Job 21, 2, cuya traducción castellana es un poco distinta: «Escuchad, os lo ruego, mi palabra, dadme al menos este consuelo» (N. de la T.).

que elegimos de forma deliberada, pero la división aparece ya cuando nuestro juicio se repliega en la sombra y piensa que su falta de decisión para escoger el bien podrá pasar desapercibida. La única esperanza es que el mal no sella la condena definitiva de toda la humanidad. Creo que eso es lo que atestigua Dios en la fe de los cristianos. No nos encierra en un juicio de condena, sino que nos llama a apartar lo que nos impide vivir. Nos remite a nuestra responsabilidad. «¿Vas a dejar que te domine la bestia agazapada a tu puerta?», como oía Caín que le decían antes de matar a su hermano Abel[3]. La conciencia lleva en sí esta voz.

En el seno de la Iglesia, la pedofilia es un escándalo, además de un crimen. Hace caer a los más pequeños, y algunos ya no son capaces de levantarse jamás. Se debe hacer todo lo posible para impedirla. De este modo, volveremos a aprender que, como cristianos,

3. Remite al libro del Génesis 4, 7: «El Señor dijo a Caín: 'Si obraras bien, llevarías bien alta la cabeza; pero si obras mal, el pecado acecha a tu puerta y te acosa, aunque tú puedes dominarlo'». Seguidamente Caín toma la decisión de asesinar a su hermano Abel (N. de la T.).

compartimos la suerte de la humanidad desgarrada por la violencia. Vivimos los mismos combates y aspiramos todos a la paz.

Entiendo que sea posible rechazar esta fe; no en vano, todo parece desmentir su valor. Sea como fuere, no he podido renunciar a esta esperanza, porque la he visto ya centellear. Me limito a pedir que no se olvide lo cerca que están la sombra y la luz.

La sanación dura toda la vida. Por mi parte, estoy aprendiendo a no forzar lo que tiene posibilidad de florecer algún día. Aun así, me cuesta ser paciente. Me siento incapaz de perdonar. No digo que sea «imposible» o que «no lo deseo». Digo que no tengo fuerzas para hacerlo.

Los abusos matan. Queman a fuego lento. Soy incapaz de restaurar en mí lo que ha sido reducido a ruinas. Puedo vivir. Eso ciertamente no tiene precio. ¿Hay mayor alegría? Vivo, pero con heridas. Ellas me hacen entender que la muerte había actuado en mí. Obra en todos nosotros. Pero esa muerte es criminal. Yo puedo vivir con cicatrices, pero no puedo recrear lo que ha sido destruido.

Mi perdón por sí solo no podrá bastar. Es preciso recuperar la promesa original que cada uno hemos recibido al ser creados: «Podrás vivir y amar». El perdón afecta a la creación. Por mi parte, no dispongo de ese poder; se lo pido a Dios, del que espero que lo perdone. Ignoro cómo se hará. Tan sólo lo espero.

Pero resulta que, de vez en cuando, me cruzo con unos hombres grises, con pantalones raídos, la cara hinchada, gafitas redondas y aspecto congestionado. Durante mucho tiempo, esa apariencia desencadenaba odio en mí. Evidentemente, no iba dirigido contra aquellos desconocidos. No sabía dónde colocarse, se expandía dentro de mí y se acumulaba en la bilis hasta que salía cuando no venía a cuento, siempre inoportuno. Hace poco me encontré con alguien que se parecía a mi agresor. Ahora puedo desactivar este odio porque sé de dónde viene y no quiero dejar que se desmande. Me ha agotado durante demasiado tiempo en sus idas y venidas. Para vivir es preciso apartar de uno el deseo de destruir.

No me atrevo a imaginar que ese hombre, que tenía unos cincuenta años cuando ocurrieron los hechos y hoy ronda los noventa, haya vivido desde entonces con sus crímenes sobre la conciencia. Me gustaría que se le concediera descubrir su pecado. He llegado al momento en que puedo esperar oír que se arrepiente.

Un niño diría: «Yo no quiero que ese hombre vaya al infierno». Dios no lo permita. «A quienes les perdonéis sus pecados, les serán perdonados; a quienes se los retengáis, les serán retenidos»[1].

Me di cuenta de que estaba esperando que me pidieran perdón para concederlo. En ese momento me liberé de lo que seguía resistiéndose en mí. Ya no podía negar mi herida, pero tampoco necesitaba estar pegado a ella. Y logré desligarme de mi agresor con el vivo deseo de que él ansiara esta gracia.

1. Promesa de Jesús resucitado a sus discípulos cuando les entrega el Espíritu Santo, según se narra en el evangelio de san Juan 20, 23 (N. de la T.).

Con la ayuda de mi psicóloga, superé la tentación de pensar que la vida que había tenido era el resultado de una agresión, y no de mis decisiones. Examiné con ella pacientemente el propósito de mi existencia. Faltó poco para que me invadiera la desesperación y eso me condujera a un callejón oscuro.

Me sentía autorizado a reconsiderar mis decisiones, a renovarlas desde esa reestrenada libertad. Creo que recibí la fuerza para confirmarlas, con el deseo de vivir mi vida tal como es, sin la amargura de la resignación y con la paz que brota de aceptar las situaciones.

Por fin me sentí orgulloso del niño, del adolescente y del joven que yo había sido. Había tomado decisiones que me habían permitido seguir adelante. En absoluto se trata de evaluar si se ha tenido o no éxito, ni de juzgarse a uno mismo. Me alegro y valoro en su justa medida todo aquello que ha sido saludable; lo disfruto y no lo desprecio.

Hago frente al miedo. Me atrevo a acoger mis deseos para salir al encuentro de los demás. Esto no tendría nada de extraordinario si no supusiera romper el bloqueo que levantan las agresiones sexuales, con lo que implica de vergüenza, de imagen dañada de uno mismo que se procura ocultar a cualquier precio. Me fie de lo que otros percibían en mí y que nunca deja de sorprenderme. Es indudable que, sin ellos, nunca me lo habría creído. Hablo de profesores en el colegio, el instituto y la universidad, de amigos y sacerdotes. He tenido la suerte de conocer a excelentes maestros en mis estudios literarios y musicales.

Tenía doce años cuando por vez primera escuché a una soprano a pocos metros de mí. Su voz resonaba en un grito que sus vocalizaciones transformaban en júbilo. Desde aquel día he querido cantar. Lo hacía en casa y en la coral del colegio. Más tarde, a los veinte años, conocí a un profesor famoso que, inesperadamente, me propuso trabajar con él. Me enseñó las exigencias del estilo y la felicidad de respetarlas. Luego entré en el conservatorio, donde recibí lecciones de una delicada y fina sensibilidad a cargo de una magnífica maestra. Mi voz me entregaba a los demás con alegría. Ignoro qué oyeron de extraordinario aquellos profesores para que me animaran tanto.

No estoy solo. Confiar en mi deseo, aprender a dejarlo hablar, atreverme a presentarlo a otros con los cuales vivirlo, eso es tal vez lo que me ha salvado, porque el deseo es, por así decirlo, como Dios. Como él, entrega la vida. En los *Ejercicios* de san Ignacio, donde se desmontan las trampas de la voluntad inmediata, aprendo a hablar la lengua de mi deseo para dirigirlo al Absoluto, a Aquel al que nada ata. Y entonces, como en el caos primordial que la Palabra dispone en cosmos, mi deseo, entregado a Dios, me hace nacer en el mundo sin artificiosidad.

El niño ha sido valiente. Nunca creí que fuera bueno sepultar mi deseo. «Optaste por lo que te salvó», me dijo un día mi psicóloga. Yo no me salvé –respondí–. Habría podido huir. Enterrarlo. La negación me emplazó para más tarde a romperla. Yo no me salvé, porque me salva Otro.

También Él me ha cuidado.

¿Me permitís que dedique unos momentos más a hablaros de Él? Es una sombra benéfica que guía, sobre todo cuando cae la noche o cuando la inquietud se apodera de la carne y del espíritu. Difunde un resplandor que hay que aprender a distinguir. Nuestra masa humana le sirve de diminuto haz de luz.

Dado que Adán y Eva se avergonzaron de haber pecado, Dios les fabricó unas túnicas de piel[1]. Este Dios me conmueve. Como hace la mayoría de las personas, también yo me protejo con ropa normal y corriente. Me abriga de la vergüenza de haber sufrido abusos. Esta vergüenza agujerea la piel, pero Dios me

1. El autor evoca aquí el conocido pasaje del libro del Génesis 3, 21, donde Dios cambia los ceñidores que Adán y Eva se habían fabricado con unas hojas de higuera después del primer pecado, por una especie de vestidura de piel (N. de la T.).

ha revestido de algo más amplio que un simple taparrabos: de un manto gracias al cual he dejado atrás mi miedo.

Tengo ganas de ayudar a otros a escoger el traje que se les ofrece, porque Dios ha visto que no podíamos aguantar en ese estado. Ha abierto un taller para el que hace un llamamiento a diseñadores, modistas, modelos, ayudantes… Y la moda es variada, se adapta a los gustos y tallas de cada uno. Cuesta reconocer el estilo divino, hasta tal punto se ajusta a nuestros cuerpos humanos y a nuestros deseos.

Caravaggio muestra a un soldado que cubre a Jesús con una túnica en el momento en que Pilato lo presenta: *Ecce homo*. El manto tapa el cuerpo ultrajado, protege, ahorra la visión de las heridas a quienes lo contemplan. Caravaggio pinta el cuerpo de Dios en la carne de la humanidad violada. La tradición hace de este manto de púrpura regia algo único, de una sola pieza, sin costuras. Es la excepción.

Me ha cuidado como si, tras la lluvia, hubiera puesto sobre mis hombros un manto dorado de sol. En raras ocasiones me despojo de él para dejar que la luz me acaricie.

Con todo, me sigue faltando poco para volver a sentir la vergüenza de haber sido manchado. Tengo que separar de mí la vergüenza, inútil, vana, falsa: no es mía. No soy yo el culpable. Escucho los abismos de mi sordera, lo difícil que me resulta creer que me han salvado. No lo rechazo, pero va muy lento, pues vuelve una y otra vez el ruido del miedo.

Guardar silencio y no defenderse, ¡qué refugio tan dulce! El lugar donde descansar. Sin manto. Sin ser desmantelado.

Me encontraba mejor. La respuesta a mis cuestiones no había llegado del fiscal, sino de ese amigo sacerdote. Yo podía confiar en mí. Estaba en lo cierto. Aprendía a descifrar de otro modo algunas de mis percepciones. Descubría el efecto que provocaba el aumento de mis miedos. Los dolores del cuerpo habían cesado. Es cierto que me quedaba un temperamento inquieto y el riesgo de posibles inflamaciones de mis tejidos dañados. Así es, sencillamente, la vida a partir de los cincuenta años...

Me hizo tambalearme de nuevo una conversación con un amigo que estaba al corriente de lo que me había sucedido. Ya no recuerdo cómo llegamos a hablar de ello.

—Sabes que te quiero, Patrick.

—A mí también me caes bien, de veras.

Mi amigo me corrigió, contrariamente a su costumbre de dejar, más bien, que la conversación siguiera sin más:

—No he dicho que «me caes bien», sino que «te quiero».

Yo no entendí que se tratara de una declaración de amor, de un «estoy enamorado», sino sencillamente de una relación que se atrevía a llamarse por su nombre. Estas palabras me conmocionaron. Sentí ese fondo de miedo que aún seguía impidiéndome creer que el amor que yo experimentaba por él, por otras personas, hombres y mujeres, podía ser recíproco. Temía que amar fuera apoderarse del otro, pero hasta entonces no se me había hecho evidente ese terror, justo al desaparecer. Me había impedido amar sin que yo me diera cuenta.

Por primera vez atendía a la densidad del amor. Percibía ese vínculo tan especial que une a uno con otro y que no se confunde ni con la estima ni con el cariño. Tenía tanto miedo a amar que había preferido no creer que me amaran. Sabía que me habían querido, pero no podía creerlo. Una vez más, se ponía al descubierto la sospecha oscura que pesa en lo más íntimo. Esta vez yo creía al que me decía que me quería.

Al instante se me reveló la perversidad del abuso. Me había hecho creer que el amor no era deseable, que tenía que protegerme de él. Cualquier palabra presagiaba una traición. Si, en realidad, el amor está en tensión entre recibir al otro hasta en su carne y querer apoderarnos de él, el abuso hace temer que toda relación pueda acabar sólo en crimen.

En términos muy precisos, está escrito: «Hemos reconocido el amor que Dios nos tiene y hemos creído en ese amor»[1]. La fe afecta a lo que permanece vulnerable en cada uno: creer que el amor es el lugar donde mantenerse durante toda la eternidad, aun cuando expone a cada momento. El escándalo de los sacerdotes pedófilos choca de lleno

1. Se cita aquí la Primera carta de san Juan 4, 16. El motivo central de esta carta, con sus distintas variaciones, es la afirmación «Dios es amor» (N. de la T.).

contra la fe cristiana en lo que esta tiene de prometedor y de incierto, justo allí donde se requiere la confianza.

Yo elegí ser célibe, sin ninguna duda por el deseo de unirme a Dios. Puedo decirlo. No voy a pretender, *a posteriori*, que no se mezclaran algunos temores. Lo acepto. Lo comprendí un día en que mi osteópata me manipulaba. Hace casi veinte años que me trata. Sus masajes enérgicos, breves y castos me han hecho sentir que antes no habría soportado que me tocaran. A él sí lo he dejado actuar.

Pretender que la vida de un hombre que elige el celibato religioso está exenta de lucha y de engaño es absurdo. Lo que los antiguos monjes de los desiertos de Egipto veían como batallas no permite demonizar la sexualidad. Ellos no minimizaban ni su violencia ni sus atractivos. San Antonio, en su árido retiro, llamaba demonios a las fuerzas que nos atraviesan. Estas pulsiones, invisibles, dan testimonio del caos del que se formó la vida y, aunque imperiosas, nos enseñan a dominarnos a nosotros mismos. Tenemos que escucharlas y trabajarlas, pero no negarlas. Ellas son el ritmo, en la vida y en la muerte, de donde surge la existencia. Esta oscilación acompasa los días y las noches. El celibato puede acrecentar su resonancia. Un célibe sin estos impulsos de la carne y de la sangre sería preocupante. Mi cuerpo es atraído por el de otras personas, puesto que el cuerpo es siempre más que lo que yo veo de él. Es una llamada poderosa. Con todo, también es cierto que puedo ver al otro, de forma reductiva, como una cosa.

Por mi parte, he querido, con mis heridas y mis deseos, esta vida de soledad, en una comunidad, y la he escogido de nuevo, con la alegría que me ofrece de amar y ser amado. Acepto la soledad, que puede resultar abrumadora. He aprendido a reconocer que ella había sido también un refugio. Si me repliega en mí mismo, no testimonia aquello a lo que aspiro: poner de manifiesto que he elegido a Aquel de quien no podemos apoderarnos. Esto me lo sugirió un frágil destello que no se ha extinguido. Creo yo.

Se ha olvidado demasiado que la religión es asunto de alma y de cuerpo. Si buscara a Dios tan sólo con mi alma, tendría la impresión de querer conocer únicamente una imagen de Él, una idea. Necesito algunos gestos, el silencio de una capilla, el encanto de una cripta, el sol radiante, el corazón enamorado. Las manos tendidas ayudan al alma a enraizarse en su búsqueda. El Dios que viene a nosotros es de carne y de soplo. Buscarlo no destierra al religioso fuera de su cuerpo ni le impide encontrarse con otros.

El celibato requiere paciencia.

Una mañana recibí la llamada telefónica del obispo de Verdún para comunicarme que Roma lo autorizaba a abrir una investigación canónica. Me alegraba que mi historia no siguiera siendo un asunto privado, puesto que este tipo de casos también concierne a la diócesis, a otras personas, a los sacerdotes que trabajaban en ella en aquel momento y estaban al tanto de otros asuntos, a testigos y, sin duda ninguna, a otras víctimas.

Este nuevo proceso no me pareció una manera de escapar de la prescripción civil a través de una especie de privilegio eclesial. El derecho canónico dispone igualmente de prescripciones, pero sigue siendo posible llevar a cabo investigaciones preliminares. Yo pensaba que así se daba la oportunidad a una diócesis de arrojar luz sobre los abusos que se habían cometido en su seno. Aunque la culpabilidad le corresponde sólo al agresor, la responsabilidad es eclesial.

No obstante, enseguida me sentí incómodo. Y no sólo por tener que declarar de nuevo, sino también por el procedimiento. La Iglesia se convertía en juez y parte, ya que la investigación iba a llevarla a cabo la diócesis donde habían tenido lugar los hechos y a través de unos sacerdotes que entonces estaban en activo. Después le correspondería únicamente al obispo establecer el expediente.

Pero ¿por qué no se confiaba a otros la instrucción, a hombres y mujeres que tuvieran mayor distancia emocional?

Y, por si lo anterior fuera poco, la investigación se iba a centrar de nuevo en el agresor, sin que se planteara nada de todas las decisiones que la diócesis había tomado durante años acerca de un sacerdote cuyos crímenes eran bien conocidos. El derecho canónico de la Iglesia debe evolucionar todavía.

Por otro lado, el clero y los fieles saldrían ganando si se reconsiderara el pasado desde la siguiente perspectiva: ¿cómo hemos levantado estas sospechas, alimentado rumores, mandado callar a testigos, ocultado asuntos y denunciado a otros sacerdotes agresores?

Ahora que por fin la Iglesia comienza a enfrentarse a estos abusos, todos podrían situarse mejor. Y, por lo menos, con esta nueva etapa yo no había presentado una denuncia en vano ni únicamente por mí. Otros iban a hablar y a hablarse, pensaba yo.

Sin embargo, había gente de todo tipo. Los dos sacerdotes que vinieron a interrogarme me contaron que ellos habían conocido algunas de las fechorías de ese cura hacía cuarenta años. Y, con toda su buena fe, me comunicaron lo molestos y escandalizados que estaban. Esto muestra hasta qué punto unos sacerdotes no pueden investigar acerca de asuntos que los afectan. Por otra parte, las víctimas no necesitan esta clase de confesión.

Para entender el procedimiento eclesial tuve que sumergirme en el derecho canónico. Comprendí que la investigación preliminar no era un proceso, que no iba a haber ni juicio ni sentencia. El obispo me envió su informe dirigido a Roma; a él le correspondía decidir una sanción administrativa. A aquel sacerdote se le iba a prohibir celebrar los sacramentos –me informó a través de una nueva llamada telefónica–. Esto podría parecer ridículo a algunos y excesivo a otros. La sanción tiene sentido, no obstante, en un universo en el que el estado clerical se considera, en buena medida, intocable.

La historia ha dado otro giro: en el departamento de Meuse se ha abierto una comisión rogatoria. Se ha identificado a nuevas víctimas. Espero que, frente a lo irreparable, la Iglesia pueda responder. No basta con liberar la palabra y abrir espacios de escucha. También hay que vendar la herida reconociendo las responsabilidades eclesiales.

En cuanto a mí, soy capaz de decir lo que me sucedió y de creer que contarlo es posible. De un niño puede nacer la palabra.

Ahora, cuando releo estas páginas, me hago consciente de que mi asombrosa curación podría haberme tentado a olvidar todo el amor y la alegría que, como un don, se me habían concedido antes.

La negación me protegió envolviendo en olvido lo que, sin duda, no habría podido soportar. El mal llamó a mi puerta en un momento en que era capaz de afrontarlo. En la infancia mi psique y mi cuerpo reaccionaron. Mi familia me ofreció el refugio donde pude crecer y del que pude salir.

Cuando ya tenía más de cuarenta y cinco años fui arrastrado por una especie de alud. Necesité pasar mi vida por el escáner para buscar a los supervivientes. Identifiqué los cadáveres. Sin embargo, lo peor habría sido creer que aquello que había experimentado en primera persona era simplemente una ilusión, una herida tapada.

No puedo renegar de la alegría. No me reconocerían mis amigos si no vieran en mí lo que sostiene el canto, los estudios, el gusto por enseñar, mi ministerio como jesuita y el amor de aquellos con los que me encuentro y a los que espero servir en lo posible.

Tampoco puedo borrar la alegría paradójica que sentí en el momento en que las tres sílabas de la negación articularon en mi espalda la larga historia de mi olvido. Ese crujido de mis vértebras, familiar y punzante, se convirtió en mi lengua. Me llené de alegría cuando el nombre de mi agresor fue pronunciado por otro. Eso quería decir que yo no había delirado; me había salvado. Finalmente, vi que se abría una investigación. Mis palabras ponían voz a otros que habían sepultado en su memoria lo que hiere la esperanza de estar juntos.

No sabía que la alegría pudiera costar un precio tan alto, sólo comparable al de los partos que, según me dicen, se pasan con dolor. Las resistencias a denunciar el mal cometido pesan sobre ella como una gran amenaza. Espero, sin embargo, luchar para que no me la arrebaten nunca más.

Será un combate agónico.

Un niño velará.

Para cerrar estas páginas, me gustaría ofrecer aquí esta sencilla oración:

> Que escuche nuestro oído la queja,
> que nuestros ojos puedan ver
> los cuerpos petrificados.
> Descifremos los murmullos.
> Atrevámonos a decir
> nuestra palabra, precaria.
>
> Unos niños se alzarán para guiarnos.

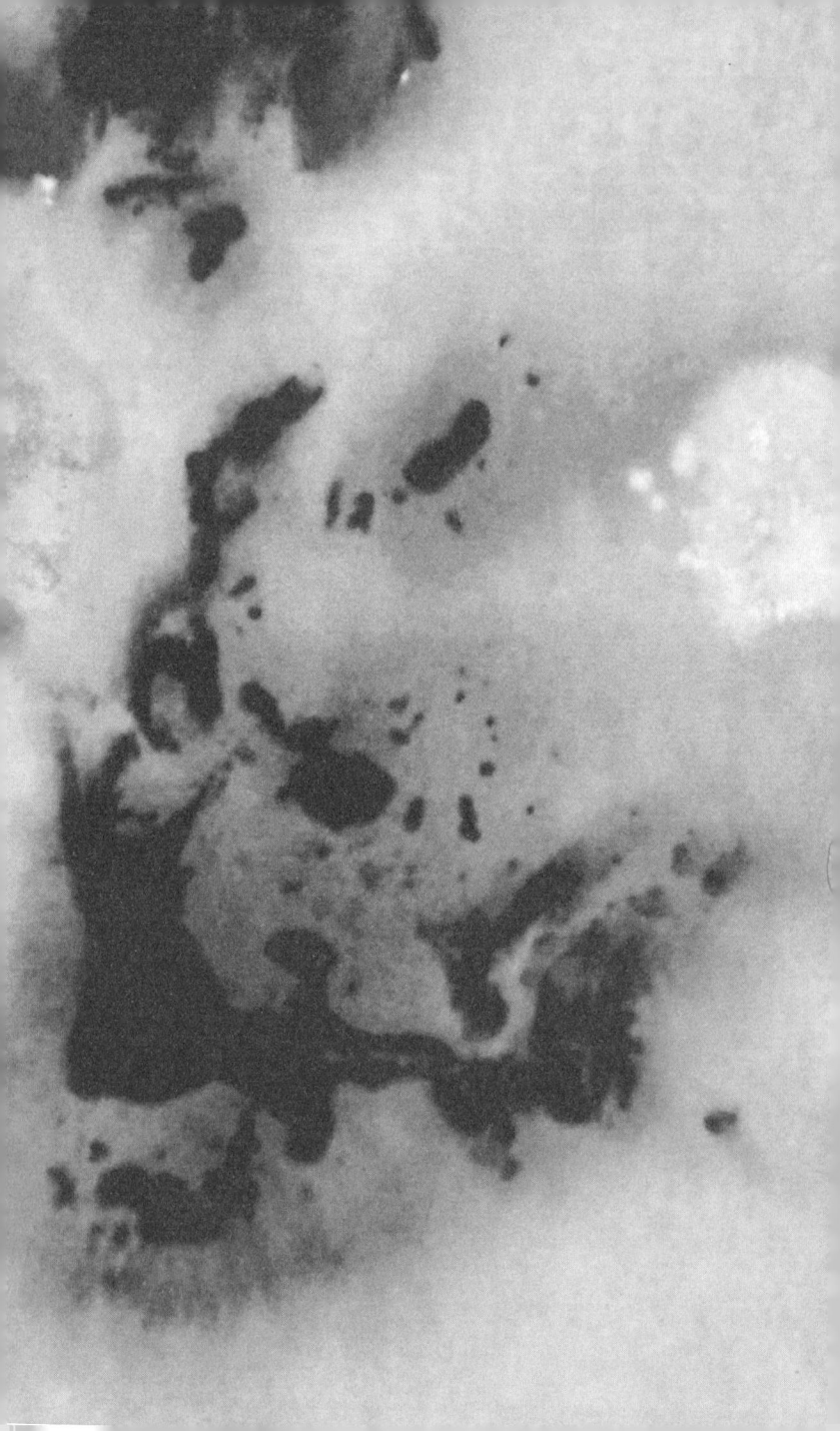